Projet dirigé par Audrey Chapdelaine

Traduction : Nicolas Jadot
Conception graphique : Nicolas Ménard
Mise en pages : Gabrielle Deblois
Révision linguistique : Sabrina Raymond
Illustrations : Danny Christopher

Québec Amérique
7240, rue Saint-Hubert
Montréal (Québec) Canada H2R 2N1
Téléphone : 514 499-3000, télécopieur : 514 499-3010

Nous reconnaissons l'aide financière du gouvernement du Canada.

Nous remercions le Conseil des arts du Canada de son soutien.
We acknowledge the support of the Canada Council for the Arts.

Nous tenons également à remercier la SODEC pour son appui financier. Gouvernement du Québec – Programme de crédit d'impôt pour l'édition de livres – Gestion SODEC.

Catalogage avant publication de Bibliothèque et Archives nationales du Québec et Bibliothèque et Archives Canada

Titre : Ours polaire / William Flaherty ; illustrations, Danny Christopher ; traduction, Nicolas Jadot.
Autres titres : Polar bear. Français
Noms : Flaherty, William, auteur. | Christopher, Danny, illustrateur.
Description : Mention de collection : Animaux illustrés | Traduction de : Polar bear.
Identifiants : Canadiana 20190030364 | ISBN 9782764439333
Vedettes-matière : RVM : Ours blanc—Ouvrages pour la jeunesse.
Classification : LCC QL737.C27 F5314 2020 | CDD j599.786—dc23

Dépôt légal, Bibliothèque et Archives nationales du Québec, 2020
Dépôt légal, Bibliothèque et Archives du Canada, 2020

Tous droits de traduction, de reproduction et d'adaptation réservés

Design and layout copyright © 2016 Inhabit Media Inc.
Text copyright © 2016 by William Flaherty
Illustrations by Danny Christopher copyright © 2016 Inhabit Media Inc.

© Éditions Québec Amérique inc., 2020.
quebec-amerique.com

Imprimé en Chine

Ours polaire

· ANIMAUX ILLUSTRÉS ·

Ours polaire

Par William Flaherty • Illustrations de Danny Christopher

Québec Amérique

Table des matières

8   L'ours blanc
10   Répartition et habitat
12   Squelette
16   Alimentation
18   Petits
20   Un chasseur
22   Un nageur
24   Faits intéressants
26   Nanurluk

L'ours blanc

L'ours blanc est une espèce d'ours énorme qui vit dans l'Arctique. Il peut peser de 400 à 700 kilogrammes. L'ours blanc mâle peut être jusqu'à deux fois plus gros que la femelle.

L'ours blanc a une apparence très différente des autres espèces d'ours. Sa fourrure est blanche pendant la plus grande partie de sa vie, mais elle jaunit à mesure que l'ours vieillit. Son corps est également plus long et plus fin que

celui des autres espèces d'ours. À l'état sauvage, l'ours blanc vit généralement entre 15 et 18 ans, mais les scientifiques ont trouvé des ours dans la nature qui étaient âgés de plus de 30 ans !

L'ours blanc est audacieux, puissant et étonnamment rapide.

Apprenons-en davantage sur l'ours blanc !

Répartition et habitat

L'ours blanc vit dans l'Arctique tout au long de l'année. Au contraire de certains autres animaux, il ne quitte pas l'Arctique durant les froids hivers. Il doit toutefois parcourir de grandes distances à la recherche de nourriture.

La plupart des espèces d'ours vivent sur la terre ferme, mais l'ours blanc est différent. En plus de la terre ferme, il vit sur la banquise (la glace qui flotte sur l'océan) et même dans la mer !

L'ours blanc s'adapte très bien à divers milieux. Pendant les mois d'été, on le trouve sur la terre ferme et le long des côtes. En hiver, il peut parcourir de grandes distances sur la banquise, dont il se sert pour chasser.

Squelette

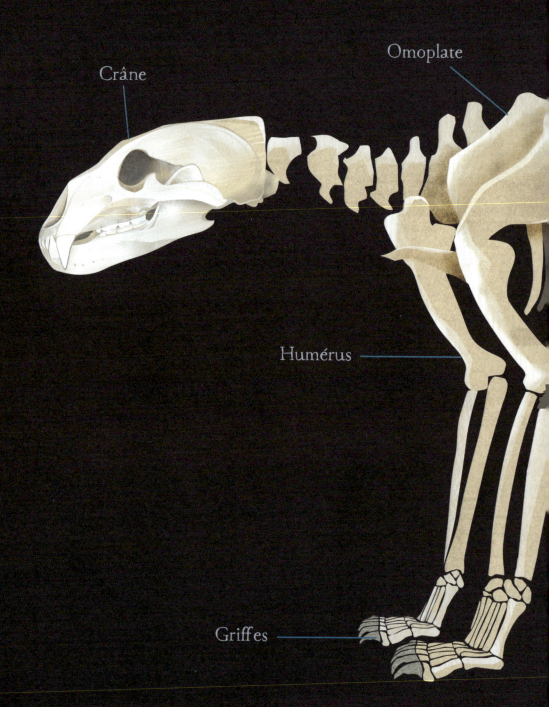

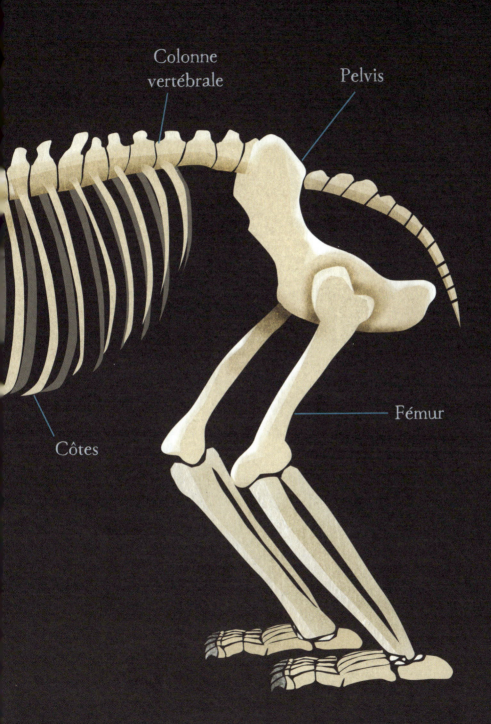

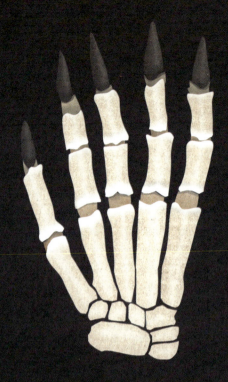

Les pattes de l'ours blanc sont très larges. Comme des raquettes, elles répartissent son poids sur une grande surface pour l'aider à marcher sur la neige. Les larges pattes de l'ours blanc lui servent aussi de pagaies pour l'aider à nager rapidement dans l'eau. L'ours blanc utilise seulement ses pattes avant pour nager.

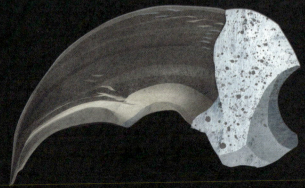

Griffe (taille réelle)

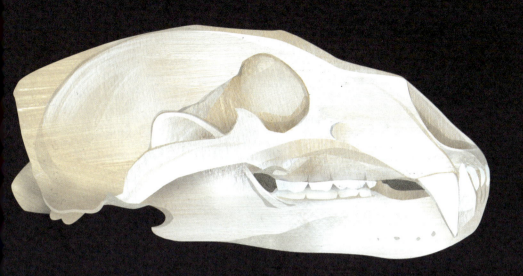

L'ours polaire a un crâne très étroit et allongé. Sa tête étroite l'aide à avancer dans l'eau lorsqu'il poursuit les phoques pour les manger. Sa mâchoire est très puissante et compte 42 dents très tranchantes.

Canine

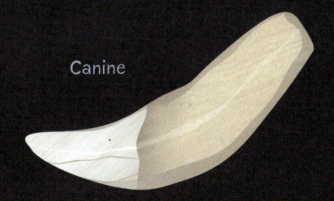

Alimentation

L'ours blanc est carnivore. Cela signifie qu'il mange de la viande. C'est le plus gros carnivore au monde qui vit sur la terre ferme.

L'ours blanc se nourrit principalement de phoques. Il mange aussi des morses, des bœufs musqués, des caribous, des œufs d'oiseaux et même de petits rongeurs, s'il arrive à les attraper ! L'ours blanc mange aussi des baies et des algues quand il en trouve.

L'ours blanc chasse même le béluga et le narval lorsqu'ils se retrouvent coincés dans les trous qui se forment dans la banquise. L'ours polaire est au sommet de la chaîne alimentaire dans l'Arctique. Cela signifie qu'il peut chasser la plupart des animaux de l'Arctique !

Petits

Les bébés ours blancs sont appelés « oursons ». Les oursons naissent entre novembre et janvier dans une tanière, un trou creusé par leur mère. En général, deux oursons naissent en même temps, parfois trois. Ils quittent la tanière lorsque

le temps commence à se réchauffer, vers mars ou avril. Pendant tout le temps où ils restent dans la tanière, les oursons se nourrissent uniquement du lait de leur mère.

Un chasseur

En hiver, l'ours blanc chasse le phoque en attendant patiemment près des trous qui se forment dans la banquise où les phoques viennent respirer. Pendant des heures, l'ours attend en silence qu'un phoque apparaisse. Dans l'Arctique, l'océan est recouvert de glace de la fin de l'automne jusqu'au printemps. Pendant tout ce temps, l'ours chasse près des trous de respiration.

En été, lorsqu'il n'y a plus de glace sur l'océan, les phoques dorment en se laissant flotter à la surface de l'eau. L'ours nage très doucement jusqu'à un phoque endormi et l'attrape ! Il peut ainsi manger un bon repas sans faire trop d'efforts. Parfois, l'ours nage sans se faire remarquer vers un groupe de phoques qui se reposent sur un îlot de glace et en attrape un.

L'ours blanc est un chasseur patient et discipliné, comme les chasseurs humains. Il est très silencieux et observe son environnement pour décider de la meilleure façon de surprendre sa proie. On appelle « proies » les animaux que l'ours blanc chasse pour les manger.

Un nageur

L'ours blanc est un excellent nageur. Il peut nager sur de grandes distances et rester près de trois minutes sous l'eau. Dans l'Arctique, on aperçoit souvent l'ours blanc nager en pleine mer, loin des côtes.

On a déjà observé un ours qui avait nagé sans s'arrêter sur une distance de près de 650 kilomètres, un voyage de neuf jours !

Faits intéressants

À première vue, la fourrure de l'ours blanc semble vraiment blanche. Mais en fait, les poils de l'ours blanc sont transparents : ils n'ont aucune couleur. De plus, ces poils sont creux (ils sont vides au milieu et remplis d'air comme un ballon). Les rayons du soleil traversent les poils creux et incolores de l'ours blanc et réchauffent sa peau, ce qui le tient au chaud dans le climat froid de l'Arctique. La peau de l'ours blanc se réchauffe très vite, car elle est noire !

De plus, les poils creux et remplis d'air de l'ours blanc permettent à ce lourd animal de flotter lorsqu'il nage !

Le plus gros ours blanc jamais vu a été capturé dans le détroit de Kotzebue, en Alaska. Il pesait une tonne et pouvait atteindre une hauteur de 3,4 mètres en se dressant sur ses pattes arrière !

Nanurluk

Les Inuits racontent beaucoup de légendes de géants – des personnes géantes, mais aussi des animaux géants ! Plusieurs histoires parlent d'un ours blanc géant appelé « nanurluk ». Le nanurluk est énorme (plus gros qu'un iceberg !). Ces histoires mentionnent souvent que ses poils sont recouverts d'une épaisse couche de glace.

William Flaherty est un agent de conservation de la faune et un chasseur passionné qui fait régulièrement du bénévolat pour le service de recherche et de sauvetage d'Iqaluit. Il est l'auteur du *Loup arctique*, dans la série *Animaux illustrés*. Il habite à Iqaluit, au Nunavut.

Danny Christopher est un illustrateur qui a parcouru l'Arctique canadien en tant qu'enseignant au Collège de l'Arctique du Nunavut. Il est l'illustrateur de *The Legend of the Fog*, *A Children's Guide to Arctic Birds*, *Una Huna: What Is This?* et l'auteur de *Putuguq and Kublu*. Son travail pour *The Legend of the Fog* a été mis en nomination pour le Prix de l'illustration Amelia Frances Howard-Gibbon. Il vit à Toronto avec sa femme, leurs quatre enfants et leur petit bulldog.